AF125461

IRIS DORFSCHMID

Bleib bei dir

Heile dich und komme bei dir an

novum pro

Dieses Buch ist auch als
e-book
erhältlich.

Bibliografische Information
der Deutschen Nationalbibliothek:

Die Deutsche Nationalbibliothek
verzeichnet diese Publikation in
der Deutschen Nationalbibliografie.
Detaillierte bibliografische Daten
sind im Internet über
http://www.d-nb.de abrufbar.

Gedruckt in der Europäischen Union
auf umweltfreundlichem, chlor- und
säurefrei gebleichtem Papier.

© 2025 novum publishing gmbh
Rathausgasse 73, A-7311 Neckenmarkt
office@novumverlag.com

ISBN 978-3-7116-0190-2
Lektorat: PCR
Umschlagfoto:
Svetlanaguban I Dreamstime.com
Umschlaggestaltung, Layout & Satz:
novum Verlag
Innenabbildungen: www.dreamstime.com
Autorenfoto: Iris Dorfschmid

Die von der Autorin zur Verfügung
gestellten Abbildungen wurden in der
bestmöglichen Qualität gedruckt.

www.novumverlag.com

Druckprodukt mit finanziellem
Klimabeitrag
ClimatePartner.com/16547-2311-1001

Inhaltsverzeichnis

Alles hat sich geändert,
und doch bin ich mehr die,
die ich schon immer war.

Vorwort

Dieses Buch beschreibt meinen ganz persönlichen Heilungsweg und kann dir dabei helfen, deinen eigenen zu finden. Es ist mir ein Anliegen, meinen Erfahrungsschatz mit Menschen zu teilen, die sich in einer seelischen Krise befinden, sich energetisch heilen und bei sich selbst ankommen möchten.

Auf meinem Weg dorthin haben viele verschiedene Faktoren zusammengespielt und sich letztendlich wie Puzzleteile zusammengefügt. Mein Wunsch nach innerer Harmonie und Ausgeglichenheit hat mich stets dabei motiviert. Finde auch du deine Puzzleteile und setze sie zu einem großen Ganzen zusammen, dann erhältst du immer mehr deine Energie zurück.

Lasse dir für die einzelnen Schritte ausreichend Zeit, bis deine Seele soweit ist. Versuche, wenn möglich, die Reihenfolge einzuhalten, wobei sich im Verlauf auch Überlagerungen ergeben können. Der Samen eines neuen Gedankens braucht Zeit, um in deinem Inneren zu wachsen und zu gedeihen.

Erreiche eine neue Bewusstseinsebene und finde zu deinem Höheren Selbst. Glaube an dich und gehe weiter. Höre nicht auf, dich weiter zu entfalten und dein Leben zu vertiefen. Der Weg zu dir selbst ist ein Prozess, der nur über die Selbstliebe führt.

Danke

Ivonne, du hast mich begleitet.

Sabine Michele, du hast mich geführt.

Wolfgang, du hast mich unterstützt.

Sammy, du hast mich aufgefangen.

Max, du hast mich gespiegelt.

Schlüssel

Der Schlüssel zum Glück liegt in deinem Glauben und deiner wahrhaftigen Beziehung zu dir selbst.

Alle Wirklichkeiten finden sich in der Schöpfung und in deinem Höheren Selbst. Die Quelle des Lebens entspringt in dir.

Sei in deiner inneren Welt, was du dir in deiner äußeren Welt erschaffen möchtest. Du wirst ernten, was du säst.

Gieße dein Eisen in das Feuer und schmiede es neu. Dein Bewusstsein formt deine Energie.

Heilung geschieht, wenn du dich in der Liebe befindest.

Einstimmung

Sei immer bei dem, was gerade ist.

Verliere dich nicht in der Vergangenheit oder in der Zukunft.

Das Leben findet hier und jetzt statt, genau in diesem Moment.

Du kannst deine Lebensumstände selbst gestalten.

Sei offen für neue Impulse und folge deiner Intuition.

Dein Bauchgefühl weiß mehr als dein Verstand.

Das Leben ist voller Zeichen, du musst sie nur erkennen.

Je mehr du Zeichen anerkennst, umso mehr wirst du erhalten.

Du darfst lernen, mit dem Herzen zu sehen.

Schenke deiner inneren Stimme mehr Aufmerksamkeit.

Glaube an die Schöpfung einer höheren Macht.

Neue Wege entstehen dadurch, dass man sie geht.

Motivation

Krankheiten möchten dich auf ein Ungleichgewicht hinweisen.

Dein Körper ist das Barometer deiner Seele.

Die Symptome deines Körpers möchten dir etwas mitteilen.

Erforsche die möglichen seelischen Ursachen einer Krankheit.

Deine Energie kreiert deine Realität.

Verwende deine Energie dafür, etwas Neues zu erschaffen.

Gegen die Vergangenheit anzukämpfen ist verlorene Energie.

Die Vergangenheit ist dazu da, um aus ihr zu lernen.

Du darfst dich deinen Schatten stellen und sie erleuchten.

Was du im Inneren bist, begegnet dir im Außen.

Erforsche deine Gedanken und deine Überzeugungen.

Alles, was du suchst, gib zuerst dir selbst.

Was schon in dir ist, kann auch zu dir kommen.

Rückblick

Beziehungen können dazu dienen, dich selbst zu reflektieren.

Dein Gegenüber spiegelt dir dein Inneres wider.

Du darfst dich selbst durch den anderen erkennen.

Es geht immer darum, gemeinsam zu lernen und zu wachsen.

Jeder Mensch hat seinen eigenen Seelenplan.

Du darfst die Erfahrungen machen, die du machen möchtest.

Dein Herz ist der Kompass deines Lebens.

Vertraue auf eine vollständige Führung durch die Schöpfung.

Du kannst immer wieder von Neuem anfangen.

Du darfst die Schöpfung bitten, dir zu helfen.

Alles, was du brauchst, ist bereits in dir.

Du erntest im Außen, was du im Inneren säst.

1. Wo stehst du gerade?

Wo stehst du gerade?

Was möchtest du für dich in deinem Leben haben?

Befreie dich aus deinen eigenen gedanklichen Begrenzungen.

Frage dich einmal, wer du wirklich bist und was du möchtest.

Du darfst erkennen, dass du der Schöpfer deines Lebens bist.

Jeder Gedanke bestimmt deine Wirklichkeit.

Vertraue darauf, dass dir das Leben alles gibt, was du brauchst.

Du erschaffst dein Leben durch deinen Glauben.

Du darfst dir deiner inneren Welt bewusst werden.

Stelle dir vor, dass alles bereits erfüllt ist, und sei dankbar dafür.

Schwinge auf der Frequenz von Fülle anstatt von Mangel.

Das Innere geht mit dem Außen in Resonanz.

Alles, was zu dir gehört, wird auch zu dir finden.

Du bist in der Weisheit der Schöpfung geborgen.

Welche Bewusstwerdung schiebst du auf die lange Bank?

Auf welche deiner Trigger reagierst du noch unbewusst?

Womit lässt du dich immer wieder verärgern oder verletzen?

Was kritisierst du an dir selbst?

In welchen Situationen fühlst du dich hilflos oder ohnmächtig?

Wo hast du ständig Angst, Fehler zu machen?

Wann empfindest du Scham, Schuld oder Reue?

Wo hast du vielleicht zu viel gegeben?

Wohin fließt deine Energie in Form von Aufmerksamkeit?

Wann hast du zu wenig auf dich selbst geachtet?

Wo kämpfst du noch zu sehr, um etwas zu erreichen?

Glaubst du, dass du dir erst etwas verdienen musst?

Fühlst du dich unwürdig, geliebt zu werden?

Das Gefühl und der Verstand sollten im Gleichgewicht sein.

Folge immer deinem Herzen, aber nicht ohne Verstand.

Glaube an deine Intuition und deine innere Weisheit.

Nur in der Stille kannst du dein Unterbewusstsein hören.

Finde deine innere Mitte und verbinde dich mit dir selbst.

Deine Seele ist mit der Schöpfung verbunden.

Achte darauf, was dir dein Höheres Selbst sagen möchte.

Vertraue deiner eigenen Wahrheit.

Höre nicht auf die Meinung anderer, sondern vertraue dir selbst.

Lebe nach deinen persönlichen Überzeugungen.

Sprich deine Gedanken und deine Gefühle aus.

Nur die Wahrheit bringt dich wirklich weiter.

Du darfst dir deiner Selbst bewusst werden.

Selbstbewusstsein bedeutet, sich selbst treu zu sein.

Werde dir der Quelle der Kraft und der Liebe in dir bewusst.

Entdecke deinen wahren schöpferischen Wesenskern.

Du darfst dich an die Vollkommenheit deiner Seele erinnern.

Sei in deiner inneren Welt glücklich und erfüllt.

Es gibt keine Zufälle.

Alles, was fällig ist, fällt dir auch zu.

Je besser du dich fühlst, umso mehr kann zu dir kommen.

Du kannst dein Leben der Schöpfung anvertrauen.

Die Schöpfung arbeitet für dich, wenn du sie demütig anerkennst.

Gehe deine Lernaufgaben an und verweigere nicht die Annahme.

Deine Aufgaben werden dir immer wieder zugetragen.

Erkenne wiederkehrende Muster in deinen Herausforderungen.

Die Schöpfung würfelt nicht, sie weiß, was sie tut.

Du darfst Krisen als Chancen für Wachstum sehen.

2. Setze Grenzen

Setze Grenzen

Was tut dir nicht gut und hindert dich an deinem Wachstum?

Was möchtest du nicht mehr in deinem Leben haben?

Es liegt in deiner Verantwortung, welche Energie du annimmst.

Du hast die Wahl zwischen Licht und Dunkelheit.

Nimm die Rolle des besonnenen Beobachters ein.

Angst ist nur eine Illusion.

Handle stets aus dem Gefühl der Liebe heraus.

Erkenne, dass du der wichtigste Mensch in deinem Leben bist.

Du spielst die Hauptrolle in deinem eigenen Film.

Deine Aufgabe ist es, dich selbst glücklich zu machen.

Erschaffe dein Leben in dir und um dich herum.

Du darfst stark wie ein Fels sein.

Die Schöpfung möchte, dass du glücklich bist.

Bleib bei dir, in deiner Energie.

Du darfst dir einmal deine ganze Aufmerksamkeit schenken.

Frage dich, wie es dir gerade geht.

Welche Gedanken und Gefühle kommen in dir hoch?

Was brauchst du gerade und was wünschst du dir?

Sei für dich selbst da und nicht nur für andere.

Deine Energie gehört dir, also verwende sie auch für dich.

Du darfst lernen, dir selbst dein bester Freund zu sein.

Lobe dich für Dinge, die du gut gemacht hast.

Sei mitfühlend und sanft zu dir, wenn du etwas noch nicht kannst.

Nimm dir Auszeiten und ziehe dich in deine innere Stille zurück.

Du darfst deine Selbstheilungskräfte aktivieren.

Ruhe und Gelassenheit bringen neue Stärke hervor.

Erneuere dich in der Schöpfung, die Kraft liegt in dir.

Gehe durch die Angst, damit sie weichen kann.

Halte nicht aus Gewohnheit an deinem Schmerz fest.

Frage dich einmal, was du in Wirklichkeit verlierst.

Wenn du zögerst, dann wirst du schwächer.

Wenn du mutig bist, dann wirst du stärker.

Wenn du dich respektierst, dann respektieren dich auch andere.

Du darfst dich wichtig nehmen und auf dich selbst achten.

Veränderung findet immer zuerst in dir statt.

Deine Geisteshaltung spiegelt sich in deinem Gegenüber wider.

Suche nicht nach Rettung im Außen.

Du darfst dir selbst helfen und Verantwortung übernehmen.

Bewege dich einmal aus deiner Komfortzone heraus.

Deine Kräfte wachsen mit deinen Aufgaben.

Die Schöpfung steht dir bei, wenn du die Wahrheit erkennst.

Grenzen geben Stabilität, Kraft und Freiheit.

Manchmal muss man Grenzen neu setzen, um stärker zu werden.

Du darfst dich selbst ermächtigen und für dich einstehen.

Stehe zu dir und deinen persönlichen Grenzen.

Stärke wird aus Mut gemacht.

Betrachte einmal alles aus einer höheren Perspektive.

Was würde dein großes Vorbild tun?

Denke wie die Person, zu der du aufschauen würdest.

Deine Gedanken werden dein Handeln verändern.

Achte auf deine Gedanken, sie sind der Anfang deiner Taten.

Du darfst deine Grenzen erkennen, fühlen und leben.

Was dient dir und fühlt sich stimmig für dich an?

Was du nicht ändern kannst, nimm in Ruhe hin.

Was du ändern kannst, richte dir so gut wie möglich ein.

3. Du heilst dich immer selbst

Du heilst dich immer selbst

Richte deinen Blick nach innen.

Du darfst Licht in deine unbewussten Schattenthemen bringen.

Wenn du deine Schatten beleuchtest, verlieren sie an Macht.

Betrachte einmal die Wurzeln deines Lebens.

Welche Beziehung hast du zu deinem inneren Kind?

Sind deine Wurzeln tief, brauchst du den Wind nicht zu fürchten.

Deine Trigger führen zu den Verletzungen deines inneren Kindes.

Welchen Schmerz möchtest du nicht mehr fühlen?

Welche alten Wunden sind es, die noch heilen dürfen?

Verdrängte Gefühle werden eingefroren und kosten Energie.

Jedes Gefühl möchte angeschaut und gefühlt werden.

Was du annimmst und akzeptierst, kann sich von dir lösen.

Wann ist dein inneres Kind noch klein und schwach?

Wo möchte es wachsen und stärker werden?

Wie darfst du dich noch entwickeln?

Frage dich einmal, welchen Wert du dir selbst gibst.

Eine Sucht zu haben bedeutet, dass du nach etwas suchst.

Welchen Mangel fürchtest du in Wirklichkeit?

Frage dich einmal, wovor du flüchten möchtest.

Du darfst nach dir selbst suchen, nach Ganzheit und Wahrheit.

Übernimm die Verantwortung für deine Gefühle.

Mache deinen inneren Frieden nicht von außen abhängig.

Du darfst dich bewusst dafür entscheiden, glücklich zu sein.

Fühle noch einmal in den Schmerz deines inneren Kindes hinein.

Lege deine Hand auf die betroffene Körperstelle.

Dein Körper fühlt, wenn du für dich da bist.

Durch die Annahme des Gefühls kann sich der Schmerz lösen.

Du darfst jetzt als Erwachsener für dein inneres Kind da sein.

Tröste es und sprich liebevoll zu ihm.

Umarme dich selbst, oder etwas, das für dich steht.

Sage deinem inneren Kind, dass du es beschützt.

Nimm es gedanklich an die Hand und sei fröhlich mit ihm.

Warte nicht darauf, dass andere dir etwas geben.

Befreie dich aus deiner emotionalen Selbstversklavung.

Gib dir selbst, was du brauchst.

Du darfst deine Bedürfnisse erkennen und respektieren.

Übernimm die Verantwortung für dich und dein inneres Kind.

Sorge gut für dich und gib dir Gutes.

Du darfst dich darin üben, wählerisch zu sein.

Umgib dich mit positiver Energie.

Erkenne, was deiner Entwicklung dient.

Gutes zieht Gutes an, umso mehr kann zu dir kommen.

Achte und respektiere die Natur als dein Vorbild.

Übernimm Verantwortung für die Natur, du bist ein Teil von ihr.

Erde dich und nimm die natürliche Schwingung auf.

Empfange die heilige Energie der Sonne.

Lenke deine Energie nicht zu sehr auf andere.

Deine Energie folgt deiner Aufmerksamkeit.

Du darfst deinen Fokus bei dir behalten.

Unterscheide deine eigene Energie von Fremdenergien.

Lasse dir deine Energie nicht von anderen nehmen.

Erlaube dir, dich selbst zu heilen.

Du darfst wieder die Lebensenergie in dir fließen lassen.

Die Schöpfung ist männliche und weibliche Energie zugleich.

Befreie dich innerlich von deinen energetischen Blockaden.

Öffne deine Chakren und aktiviere sie.

4. Verzeihe und lasse los

Verzeihe und lasse los

Glaube nicht alles, was du denkst.

Löse dich von der Identifikation mit dem Konstrukt deines Egos.

Dein Ego ist die Summe deiner Überzeugungen.

Forme ein neues Bewusstsein mit Hilfe deines Höheren Selbst.

Ungesunde Denkmuster lassen sich ändern.

Bewerte deine gewohnten Verhaltensweisen neu.

Mache dir bewusst, welche Gedanken du haben möchtest.

Deine Gedanken formen dich zu dem, was du bist.

Die Zeit ist zum Heilen da.

Jede Seele kommt in ihrem eigenen Tempo in ihre Kraft.

Du darfst dich von deinen limitierenden Glaubenssätzen befreien.

Es braucht Zeit, um deine Überzeugungen zu transformieren.

Wachstum kann mit Schmerz verbunden sein.

Entspannung und Ruhe unterstützen dich in diesem Prozess.

Wo darfst du noch lernen loszulassen?

Loslassen findet nicht nur äußerlich statt, sondern auch innerlich.

Lasse alle Ansichten, Erwartungen und Bewertungen los.

Sei mit dir in deinem inneren Frieden.

Loslassen hat Schwerelosigkeit zur Folge.

Ein vermeintlicher Verlust bedeutet nur einen Wandel.

Das Leben besteht aus einem ständigen Neubeginn.

Du darfst dich dem Fluss des Lebens hingeben.

Wenn du loslässt, hast du beide Hände frei.

Wenn sich eine Türe schließt, öffnet sich eine andere.

Du darfst jedem verzeihen, auch dir selbst.

Sprich aus, was dir auf dem Herzen liegt.

Perspektivenwechsel kann dir beim Verzeihen helfen.

Versuche, die Dinge weniger persönlich zu nehmen.

Verschwende keine Energie dafür, an Verletzungen festzuhalten.

Lasse die anderen sein, wie sie wollen.

Jeder muss seine eigenen Erfahrungen machen.

Du darfst akzeptieren, wie etwas gerade ist.

Alles geschieht aus einem bestimmten Grund.

Der Sinn hinter manchem wird einem oft erst später bewusst.

Das Leben ist das, was du daraus machst.

Lasse Abhängigkeiten los, und alles, was dir nicht gut tut.

Lasse negative Verstrickungen der Vergangenheit los.

Sei im Einklang mit dem, was aus deinem Leben gehen möchte.

Vielleicht möchte etwas Besseres zu dir kommen.

Die Schöpfung hat etwas Besonderes mit dir vor.

Lasse los, was du liebst, dann kann es zu dir zurückkommen.

Nur was Stürme übersteht, wird gefestigt und ist von Dauer.

Was zu dir gehört, wird auch bei dir bleiben.

Vertraue in die Kraft deiner Bestimmung.

Öffne dein Herz und verbinde dich mit der Quelle in dir.

Du darfst dein Herz auch dir selbst gegenüber öffnen.

Werde dir der vollkommenen Liebe der Schöpfung in dir bewusst.

Alles ist Eins, und Eins ist alles.

Du musst nicht um Liebe kämpfen, du darfst Liebe empfangen.

Vertraue in die Liebe und in das Leben.

Lerne, dich zu entspannen und die Kontrolle abzugeben.

Werde dir bewusst, dass du gut genug bist.

Du darfst deinen wahren Selbstwert erkennen.

Lasse Leichtigkeit, Freude und Liebe in deinem Herzen sein.

Sei hoffnungsvoll und zuversichtlich eingestellt.

Sei dazu bereit, dir weniger Sorgen zu machen.

Halte dich immer an deine guten Gedanken.

Du bestimmst die Blickrichtung.

5. Liebe dich selbst und genieße das Leben

Liebe dich selbst und genieße das Leben

Du hast es verdient, glücklich zu sein und geliebt zu werden.

Du bist gut und wertvoll, so wie du bist.

Deine Einzigartigkeit macht dich perfekt.

Du bist hier, um Erfahrungen zu machen und zu wachsen.

Dies ist dein Leben mit deinen Entscheidungen.

Befreie dich von den Erwartungen anderer.

Erschaffe einen Energieausgleich von Geben und Nehmen.

Anzunehmen ist genauso wichtig wie zu geben.

Integriere weibliche und männliche Energie in dir.

Yin und Yang sind untrennbar miteinander verbunden.

Gegensätzliche Energien ergänzen sich.

Du darfst die richtige Balance zwischen den beiden Polen finden.

Lerne, im Einklang mit den natürlichen Rhythmen zu leben.

Man braucht in Wirklichkeit nur wenig, um glücklich zu sein.

Suche die Erfüllung nicht in materiellem Besitz.

Du darfst dich über dein Sein definieren.

Deine Geisteshaltung bestimmt deine Wirklichkeit.

Negative Gefühle erzeugen schwere Energie.

Positive Gefühle erhöhen deine Schwingung.

Fühle Dankbarkeit für alles, was gut in deinem Leben ist.

Bedanke dich auch für Kleinigkeiten bei der Schöpfung.

Du kannst für die Lektionen dankbar sein, die du lernen durftest.

Kommuniziere mit der Schöpfung, sie erfährt sich durch dich.

Alles ist genau so richtig und gut für deine Entwicklung, wie es ist.

Das Leben besteht aus unterschiedlichen Phasen.

Erfreue dich immer an dem, was du gerade hast.

Lasse sein, was du nicht hast.

Liebe kommt in dein Leben, wenn du „ja" zu dir sagst.

Nimm dich vollständig an und liebe dich ohne Bedingungen.

Du bist hier auf der Erde, um dich bewusst zu erfahren.

Dein Körper ist das Instrument und der Ausdruck deiner Seele.

Du hast einen Körper, aber du bist nicht dein Körper.

Wenn du dich liebst, dann lieben dich auch andere.

Schreibe einmal einen Liebesbrief an dich.

Wer sich selbst liebt, der macht sich keine Sorgen.

Du darfst an deine Fähigkeiten glauben und dir selbst vertrauen.

Traue dich, du selbst zu sein.

Liebe andere bedingungslos, aber ohne dich selbst zu opfern.

Behalte deine Selbstbestimmung.

Sei achtsam und respektiere deine eigenen Bedürfnisse.

Lebe wahrhaftige und tiefe Beziehungen.

Wo deine Talente sind, liegen deine Aufgaben.

Frage dich einmal, was du als Kind gerne gemacht hast.

Nimm dir Zeit für Dinge, die dich glücklich machen.

Umgib dich mit Menschen und Dingen, die gut für dich sind.

Lebe dich selbst und folge deiner Berufung.

Fühle das, was werden soll, damit es werden kann.

Verknüpfe deine Gedanken mit Bildern und Gefühlen.

Stelle dir vor, dass alles bereits erfüllt ist, und sei dankbar dafür.

Die Schöpfung gibt dir mehr von dem, wofür du dankbar bist.

Alles um dich herum ist für dich und deine Entwicklung gemacht.

Du darfst das Potential für Wachstum in den Dingen erkennen.

Nimm das Geschenk des Lebens an.

Entfalte dich mit allen deinen Möglichkeiten.

Je mehr du bei dir ankommst, umso mehr erhältst du Energie.

Essenz

Essenz

Das Ziel von uns allen ist höchste Glückseligkeit und die bedingungslose Liebe.

Schöpfe aus der heiligen Quelle, um deinen Geist zu neuem Leben zu erwecken. Du heilst dich selbst durch deinen Glauben.

Durchschreite die dunkle Nacht der Seele und entfache das Licht des Lebens in dir. Wenn du die Wahrheit der Schöpfung erkennst, dann kannst du durch dein Bewusstsein zur Erleuchtung gelangen.

Bist du innerlich reich und erfüllt von Liebe, dann gestaltet sich dein Leben ebenso. Tauche ein in das Meer deiner Möglichkeiten und erfülle dich. Du erschaffst deine eigene Wirklichkeit.

Bleib dir und anderen gegenüber sanftmütig eingestellt und betrachte das Leben aus einer friedvollen Perspektive. Nimm eine positive und zuversichtliche Haltung ein und entscheide dich bewusst dafür, glücklich zu sein. Du darfst erkennen, dass wahre Stärke in deiner geistigen Haltung liegt.

Vertraue auf die Schöpfung und sei im Einklang mit dem, was gerade ist. Gelassenheit bringt Gutes auf den Weg und kann dir dabei helfen, das Beste in dir hervorzubringen.

Erfahre dich bewusst in deiner Ganzheit und entwickle dich zu der höchsten Version deiner Selbst.

Frieden in dir bringt Frieden in die Welt.

EIN HERZ FÜR AUTOREN A HEART FOR AUTHORS À L'ÉCOUTE DES AUTEURS MIA ΚΑΡΔΙΑ ΓΙΑ ΣΥΓΓΡΑΦ
MARTA FÖR FÖRFATTARE UN CORAZÓN POR LOS AUTORES YAZARLARIMIZA GÖNÜL VERELIM SZÍVÜ
MORE PER AUTORI ET HJERTE FOR FORFATTERE EEN HART VOOR SCHRIJVERS TEMOS OS AUTORE
HERZÖINKÉRT SERCE DLA AUTORÓW EIN HERZ FÜR AUTOREN A HEART FOR AUTHORS À L'ÉCOUTE
ORAÇÃO ВСЕЙ ДУШОЙ К АВТОРАМ ETT HJÄRTA FÖR FÖRFATTARE Á LA ESCUCHA DE LOS AUTORES
AUTEURS MIA ΚΑΡΔΙΑ ΓΙΑ ΣΥΓΓΡΑΦΕΙΣ UN CUORE PER AUTORI ET HJERTE FOR FORFATTERE EEN HAI
YAZARLARIMIZ ÖINKÉRT SERCE DLA AUTORÓW EIN HERZ FÜR A
VOOR SCHRIJ ÃO ВСЕЙ ДУШОЙ К АВТОРАМ ETT HJÄRTA FÖR F

Die Autorin

Iris Dorfschmid wurde im Großraum Stuttgart geboren. Nach ihrem Abitur an einem Wirtschaftsgymnasium hat sie eine Lehre als Technische Zeichnerin abgeschlossen. Ihr großes Interesse galt von je her der Philosophie und Psychologie. Die kreative Autorin liebt Literatur, Kunst und Musik und findet ihre Kraft und Muße gerne in der Natur. Dieses Buch entstand in einer Zeit der inneren Arbeit und beschreibt ihren ganz persönlichen Heilungsweg. Geleitet von ihrer Hochsensibilität und Spiritualität machte sie sich auf den Weg, sich zu heilen und bei sich selbst anzukommen.

novum ✦ VERLAG FÜR NEUAUTOREN

Der Verlag

*Wer aufhört
besser zu werden,
hat aufgehört
gut zu sein!*

Basierend auf diesem Motto ist es dem novum Verlag
ein Anliegen, neue Manuskripte aufzuspüren, zu ver-
öffentlichen und deren Autoren langfristig zu fördern.
Mittlerweile gilt der 1997 gegründete und mehrfach
prämierte Verlag als Spezialist für Neuautoren in
Deutschland, Österreich und der Schweiz.

**Für jedes neue Manuskript wird innerhalb we-
niger Wochen eine kostenfreie, unverbindliche
Lektorats-Prüfung erstellt.**

Weitere Informationen zum Verlag und
seinen Büchern finden Sie im Internet unter:

w w w . n o v u m v e r l a g . c o m